大江大河 科普绘本

珠江

深中通道

米金升 著

毅笔一画 石子儿 绘

童趣出版有限公司编　人民邮电出版社出版

北京

图书在版编目（CIP）数据

珠江：深中通道 / 米金升著；毅笔一画，石子儿绘；童趣出版有限公司编. -- 北京：人民邮电出版社，2024.6

（大江大河科普绘本）

ISBN 978-7-115-63630-0

Ⅰ．①珠… Ⅱ．①米… ②毅… ③石… ④童… Ⅲ．①珠江—少儿读物 Ⅳ．①K928.42-49

中国国家版本馆CIP数据核字(2024)第021046号

责任编辑：刘玉一　刘佳娣
责任印制：李晓敏
封面设计：董　雪
排版制作：北京胜杰文化发展有限公司

编　　　：童趣出版有限公司
出　　版：人民邮电出版社
地　　址：北京市丰台区成寿寺路 11 号邮电出版大厦（100164）
网　　址：www.childrenfun.com.cn

读者热线：010-81054177
经销电话：010-81054120

印　　刷：雅迪云印（天津）科技有限公司
开　　本：710×1000　1/8
印　　张：6
字　　数：65 千字
版　　次：2024 年 6 月第 1 版　2024 年 6 月第 1 次印刷
书　　号：ISBN 978-7-115-63630-0
定　　价：69.00 元

版权所有，侵权必究。如发现质量问题，请直接联系读者服务部：010-81054177。

序 言

水是生存之本、文明之源、生态之基。古往今来，人类逐水而居，文明伴水而生。

奔腾不息的长江、黄河，是中华民族的摇篮，哺育了五千多年未曾中断的中华文明。纵横千里的大运河是世界上里程最长、规模最大的人工水道，为中华民族生生不息、发展壮大提供了丰厚滋养。珠江水系众多，从小渔村到粤港澳大湾区，见证了令世界瞩目的发展奇迹。

在广袤的华夏大地上，长江、黄河、珠江、大运河等大江大河，以独特的地理环境与历史风貌共同孕育了自强不息、璀璨光辉的中华文明。斗转星移，时光轮转，承载着华夏儿女苦难与辉煌的大江大河历经千年风雨，终于迎来了崭新的时代。每一条大江大河的生态保护和系统治理，事关中华民族的伟大复兴，事关子孙后代的幸福生活，也寄托着中华民族的光荣与梦想。

在这样的新时代背景下，面向儿童出版一套弘扬我国大江大河科技与文明的科普绘本，正当其时。这套"大江大河科普绘本"与以往关于长江、黄河、珠江、大运河的科普图书有所不同：从"科技＋工程"的角度入手，精心设计手绘图景，全景展现了我国大江大河的地理风貌、历史变迁、人文风貌、超级工程和科技成就等。孩子们每了解一个知识点都如同走入一幅画卷，在打开视野的同时，也沉浸式地了解了大江大河的前世今生。更重要的是，这套书通过介绍大江大河上的超级工程及其科技创新，帮助孩子们对今天的大江大河产生全新的认识。

可以说，这套"大江大河科普绘本"，既是科普，又是见证——科普长江、黄河、珠江、大运河的相关知识，见证五千多年来中华民族在历史、文化、经济、水利、交通、城市、生态等领域所取得的辉煌成就。

国家和民族期盼少年儿童健康成长，成为担当民族复兴大任的时代新人。衷心希望广大少年儿童通过阅读这套"大江大河科普绘本"，愿意去深入了解我国的大江大河，从而树立起民族自信心，担当起时代传承使命。

中国工程院院士、水文学及水资源专家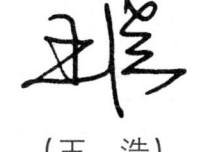

（王 浩）

珠江是我国第三大长河,由西江、东江、北江以及珠江三角洲上各条河流汇聚而成,人们把它们统称为珠江。珠江江水丰盈,支流众多,最后从8个口门进入南海。

古代海上丝绸之路的港口场景。

珠江口：贸易与文化

　　珠江年径流量仅次于长江。千百年来河流挟带的泥沙在这里不断堆积形成了珠江三角洲。

　　珠江流域独特的地理环境，孕育了独特的文化。这里出海口众多，中国的茶叶、丝绸、陶瓷早早地从这里出发，走向世界。因为贸易，这里的文化讲效率、重效果。这里面朝大海，人们能够更早、更快地放眼看世界。包容、开放就是珠江三角洲文化的代名词。

以前的深圳只是一个小渔村。

从小渔村到大湾区

40多年前,中国改革开放在这里开始。蛇口一声开山炮,深圳从小渔村逐渐变成了现代城市。改革大潮涌动珠江,广州成长为国际大都市,香港和澳门回归祖国。

40多年来你争我赶,这片区域的各个城市共同发展。现在,这里已改名为粤港澳大湾区,不仅要建设世界级城市群,还要打造宜居、宜业、宜游的优质生活圈。

现在的深圳高楼林立。

城市往来：跨江大桥必不可少

20世纪80年代，人们从广州去珠海、深圳，要花七八个小时；从深圳去珠海，因为珠江相隔，则需要更长时间。

"时间就是金钱，效率就是生命。"1981年蛇口工业区喊出的这句口号，被称为"冲破旧观念的一声春雷"。可慢吞吞的交通，既没有金钱，也没有效率。

珠江两岸的城市要方便交流与往来，就需要建设跨江大桥。

虎门的"中国第一跨"

虎门是林则徐销毁鸦片的地方，这里坐落着珠江口的第一座大型悬索桥——虎门大桥。

虎门大桥有两个桥塔，它们相距888米远，被誉为"中国第一跨"。当时，外国人并不愿意提供技术帮助，还断言中国人解决不了这个难题。中国工程师咬牙坚持，从第一次设计到第一次施工，克服了种种困难。在1997年香港回归祖国前夕，虎门大桥建成，成为那个时代中国最高水平的桥梁之一，将深圳至珠海的陆上交通时间缩短了一半。

黄埔大桥

珠江口发展迅速,虎门大桥经常发生堵车状况,一座大桥应对不了越来越多的车辆,珠江口急需再增加一座大桥,这就是黄埔大桥。

黄埔大桥线路全长 18.694 千米,是当时华南地区规模最大的桥梁。之前,广州的黄埔区与番禺区被珠江阻隔,两地往来很不便利。2008 年 12 月黄埔大桥建成后,从黄埔区到番禺区只需 5 分钟的车程。

从虎门大桥到黄埔大桥,再到南沙大桥,一座座跨江大桥,如长虹卧波,让天堑变通途。中国桥梁建设有了巨大的进步。

南沙大桥

虎门大桥建成 22 年后,在它上游约 10 千米的地方,工程师又建成了南沙大桥。从此,珠江两岸又多了一条快速通道,两地往来只要 1 小时。

南沙大桥由两座特大悬索桥组成,都是超千米大桥,可以和世界著名大桥比肩。

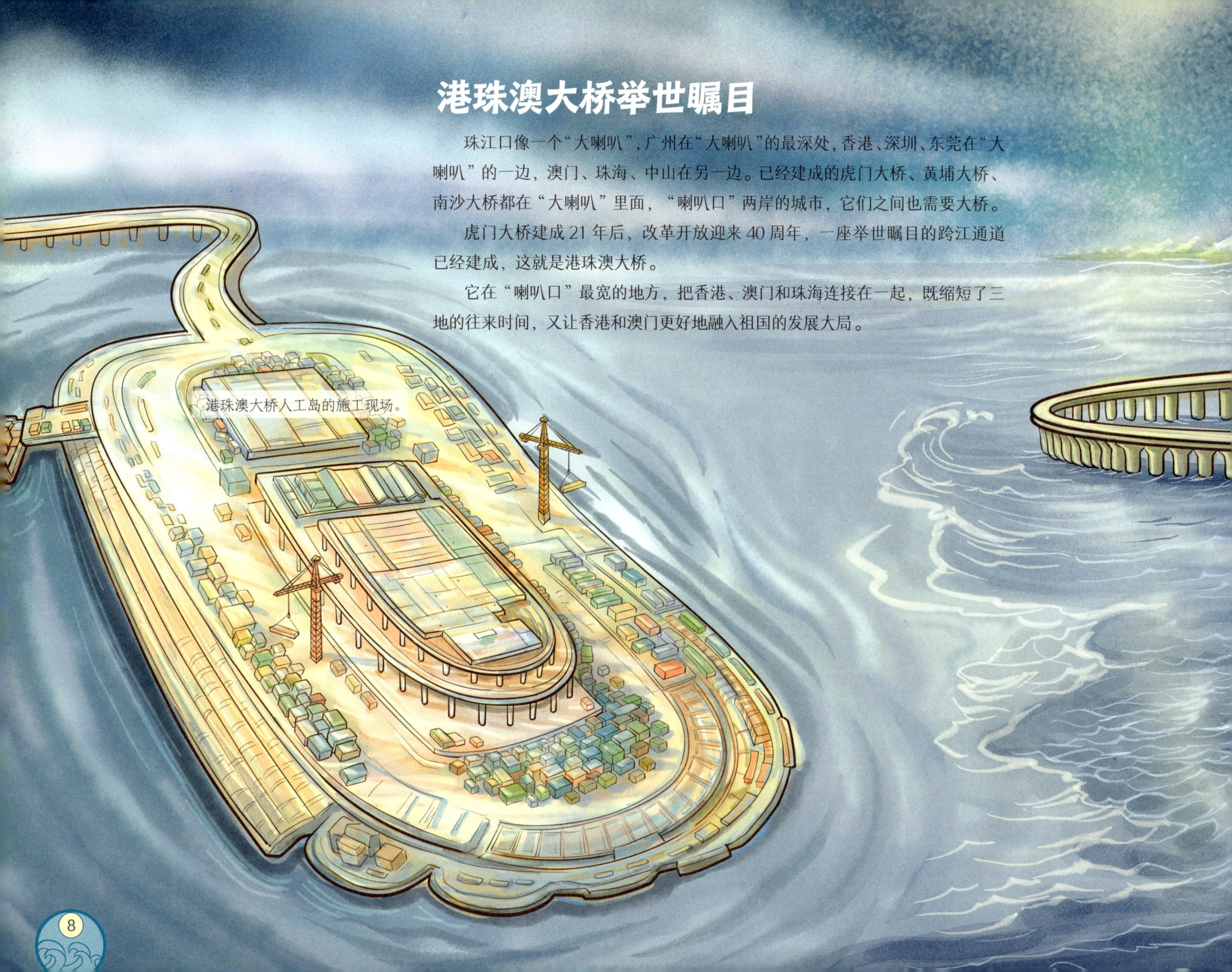

港珠澳大桥举世瞩目

　　珠江口像一个"大喇叭",广州在"大喇叭"的最深处,香港、深圳、东莞在"大喇叭"的一边,澳门、珠海、中山在另一边。已经建成的虎门大桥、黄埔大桥、南沙大桥都在"大喇叭"里面,"喇叭口"两岸的城市,它们之间也需要大桥。

　　虎门大桥建成21年后,改革开放迎来40周年,一座举世瞩目的跨江通道已经建成,这就是港珠澳大桥。

　　它在"喇叭口"最宽的地方,把香港、澳门和珠海连接在一起,既缩短了三地的往来时间,又让香港和澳门更好地融入祖国的发展大局。

港珠澳大桥人工岛的施工现场。

青州航道桥
桥塔上端是寓意三地同心的"中国结"。

江海直达船航道桥
"白海豚"桥塔的设计,象征着人与海洋和谐相处。

除了青州航道桥和江海直达船航道桥,港珠澳大桥还有一座九洲航道桥。其桥塔采用风帆的造型,寓意扬帆远航。

海底隧道结构

航道

建筑界的"皇冠明珠"

　　港珠澳大桥有桥、有岛、有海底隧道，全长约 55 千米，因此被称为集群大工程。中国设计师办法多，在海里面修建了两个人工岛，人工岛各有 600 多米长，它们之间是一条长约 6.7 千米的海底隧道，再用大桥把人工岛和陆地连起来。这样，大船从海底隧道上面通过，小船从大桥下面通过。

　　这项超级工程被誉为建筑界的"皇冠明珠"，是一个世界公认的难题。中国工程师用了近 9 年时间，终于完成了这项超级工程。

港珠澳大桥的海底隧道

　　工程师要制作一些钢筋混凝土管子，再用钢筋把它们串成大管子。大管子的学名叫作沉管，约重 8 万吨、长 180 米、宽 37.95 米、高 11.4 米。工程师在海底挖一个深槽，把 33 节沉管放在深槽中，一节一节地拼接起来。并且，这些沉管要在几十米深的海底严丝合缝、滴水不漏，保证车辆在沉管里安全行驶 120 年。这就是港珠澳大桥的海底隧道。

为什么还要建深中通道？

在珠江口这个"大喇叭"中，最里面已经有了3座大桥，"喇叭口"有港珠澳大桥，中间也需要跨江通道，否则这里的人出行也要绕弯路。

粤港澳大湾区东西两岸产业要互联互通，"深莞惠"（深圳、东莞、惠州组成的经济圈，后汕尾、河源也先后加入其中）与"珠中江"（珠海、中山、江门组成的经济圈，后阳江也加入其中）两大功能组团要密切对接。

发展迅速的深圳，想要释放发展能量给对岸；宜居的中山，也想搭上深圳发展的顺风车。这都需要再建一座新的跨江通道，就是从深圳到中山的深中通道。

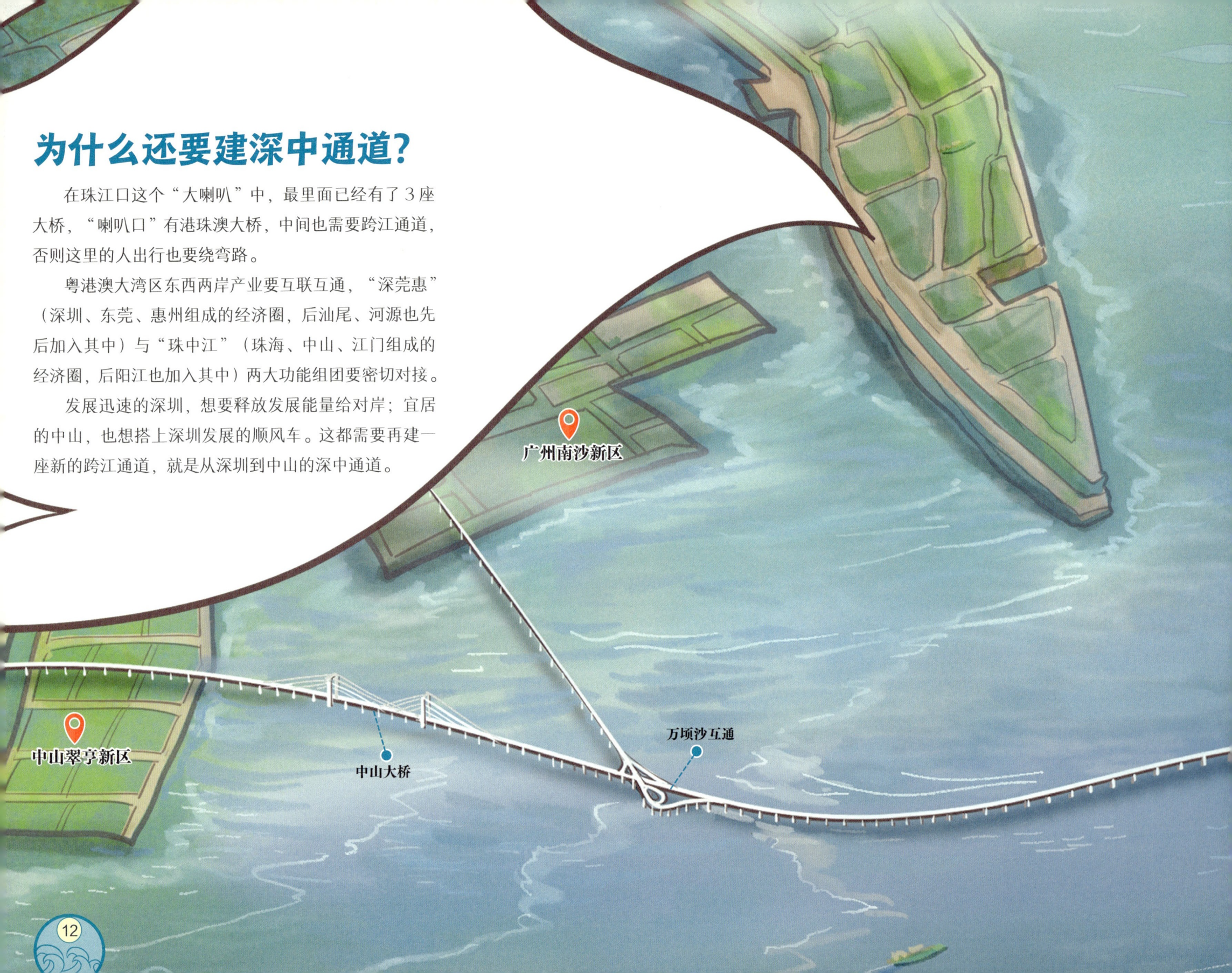

广州南沙新区

中山翠亨新区

中山大桥

万顷沙互通

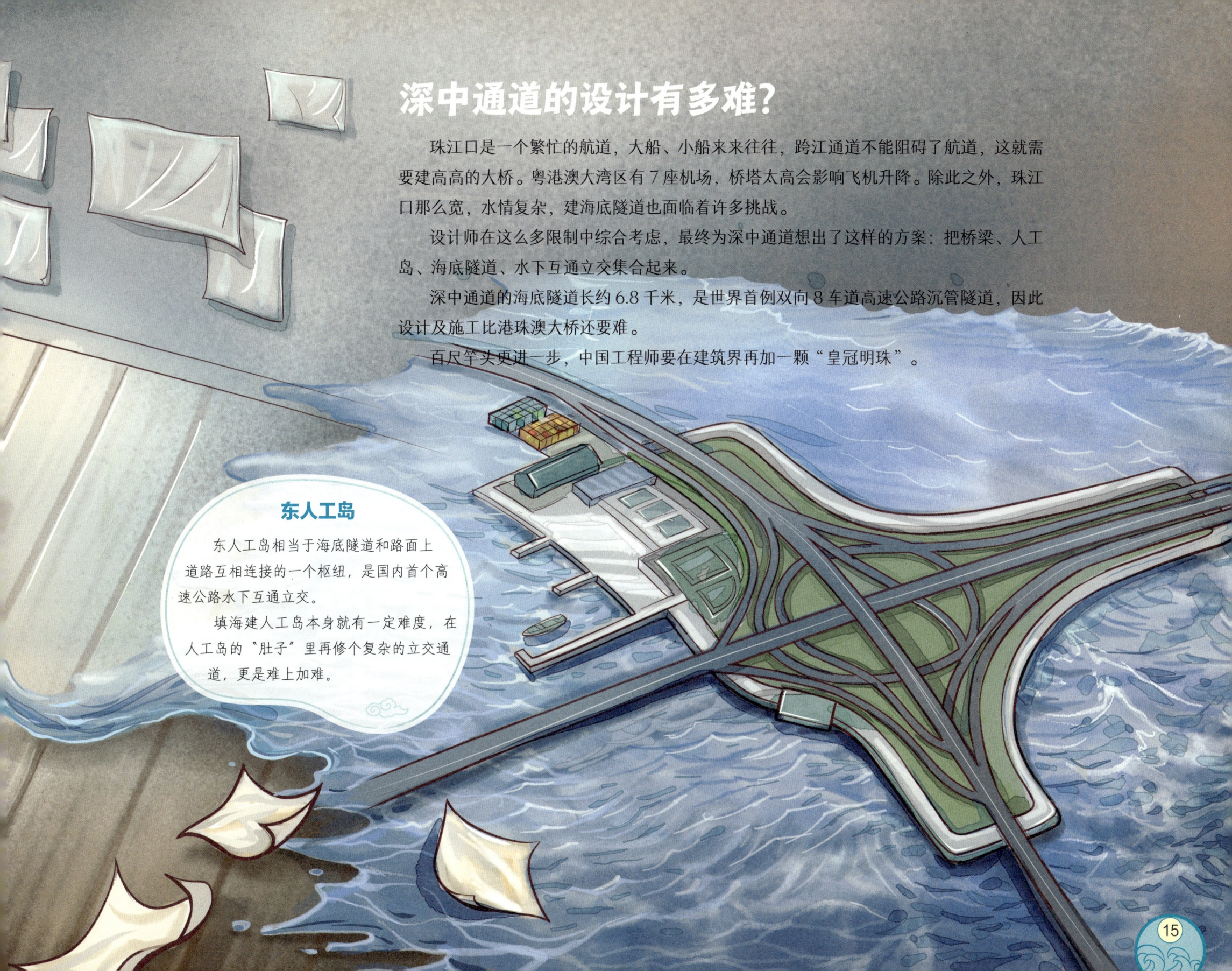

深中通道的设计有多难?

珠江口是一个繁忙的航道,大船、小船来来往往,跨江通道不能阻碍了航道,这就需要建高高的大桥。粤港澳大湾区有 7 座机场,桥塔太高会影响飞机升降。除此之外,珠江口那么宽,水情复杂,建海底隧道也面临着许多挑战。

设计师在这么多限制中综合考虑,最终为深中通道想出了这样的方案:把桥梁、人工岛、海底隧道、水下互通立交集合起来。

深中通道的海底隧道长约 6.8 千米,是世界首例双向 8 车道高速公路沉管隧道,因此设计及施工比港珠澳大桥还要难。

百尺竿头更进一步,中国工程师要在建筑界再加一颗"皇冠明珠"。

东人工岛

东人工岛相当于海底隧道和路面上道路互相连接的一个枢纽,是国内首个高速公路水下互通立交。

填海建人工岛本身就有一定难度,在人工岛的"肚子"里再修个复杂的立交通道,更是难上加难。

怎样在海里"种"人工岛?

　　建人工岛的办法很多,可以把海底的淤泥挖走,然后填上石头、沙子,这种方法简单,但要花很多时间,还会打扰到生活在这里的白海豚。工程师想出了好办法:在海里扎一圈"篱笆",然后在"篱笆"圈里填上沙土。这一圈"篱笆"可不简单,不是用木棍,不是用竹子,而是用一个个巨大的钢圆筒围成的。

　　钢圆筒是怎么做成的呢?就好像做木桶一样,工程师把钢板折弯,一片片焊接成短筒,再把一节节短筒焊接成长筒。

　　一个钢圆筒直径约28米,高接近40米,重约650吨。它们就像一根根定海神针,肩并肩牢牢地插在海底,围成世界上最大的"篱笆"圈。

起重船

12个振动锤组成的超级大锤。

钢圆筒

世界第一锤

要把这么大的钢圆筒插在海底,到哪里找超级大锤呢?

中国工程师找来12个振动锤,把它们安装在一个大钢圈上,围成一圈,就组成了一个超级大锤。这个超级大锤学名叫12锤联动液压振动锤组,将近200吨重,力大无比。

工程师再用一艘起重船将超级大锤提起来,专门用来振捶钢圆筒,好让这些"大家伙"听话,插入海底。

制作好的钢圆筒,会被远洋船运到目的地。

快速成岛

600多吨的钢圆筒,近200吨的超级大锤,工程师开着能吊起几千吨重物的起重船,在海上为深中通道打桩、"种"人工岛。

57个钢圆筒围起来,被精准、牢固地插入海底。然后,工程师再向其内部填充沙土。

西人工岛从开始施工到正式成岛,仅用时4个多月,刷新了快速成岛的世界纪录。

起重船

每个钢圆筒的位置误差不能超过2厘米,对操作振动锤的技术系统要求非常高。

"海上鲲鹏"

西人工岛主要承担着海底隧道与海上大桥交通转换的功能。岛的一侧连接着海底隧道，另一侧连接着海上大桥。长长的海上大桥从岛上出发，一直往西通向中山。

西人工岛建成后面积约14万平方米，大小相当于19个足球场。从空中望下去，西人工岛就像一只鲲鹏，展翅在伶仃洋海面上。这座"海上鲲鹏"造型的人工岛，还将成为伶仃洋上的新地标。

西人工岛建成后的示意图。

岛堤

暗埋段隧道管子

隧道怎么钻到海底？

西人工岛"种"好后，面临一个问题——隧道怎么钻到海底，好让车辆从几十米高的海上大桥顺利地开进海底隧道。

工程师先围着西人工岛四周建岛堤（作用是挡海浪），再在岛上挖个大坑，好比一个大脸盆。随后，在岛的东边浇筑暗埋段隧道管子，最后把隧道管子对着的"脸盆"边拆掉，让海水淹没隧道管子的部分"身体"，使其一头翘在岛上，一头扎在海水中，等待着海底隧道的沉管来与它对接。

钢壳的智能制造

　　深中通道的沉管是目前世界上最大的钢壳混凝土沉管。其结构类似"三明治",就是钢壳包着混凝土——一大一小两个钢壳套在一起,往大小钢壳的间隙浇筑上混凝土,它们就长在了一起。这种结构不会产生裂缝和漏水现象。

　　要生产沉管,需要先制造沉管的钢壳。深中通道的每节钢壳由1万多吨钢材打造而成。钢材先要被切割成上百种所需形状,再用焊接机器人自动拼合、焊接。

　　要制造深中通道的所有钢壳,如果全靠人工大约需要400人。而焊接机器人的应用,能使人工减少到100人左右,既节省了成本,又保证了钢壳的焊接质量。

钢壳制造基地

沉管钢壳

超级大车间：浇筑混凝土

钢壳在制造基地制造好后，接下来还要被运往近70千米远的一个超级大车间，进行混凝土浇筑。

酷似巨型蜘蛛的智能浇筑机，在智能化系统的操控下自动定位，精准地向钢壳中浇筑特制的混凝土。浇筑完混凝土的沉管，约8万吨，差不多和一艘重型航空母舰一样重。

智能浇筑机

智能浇筑机是中国工程师自主研发、制造的一款智能化浇筑设备。相比传统的浇筑设备，它不仅能灵活移动，而且误差小，可以大大提高钢壳混凝土沉管隧道的浇筑速度。

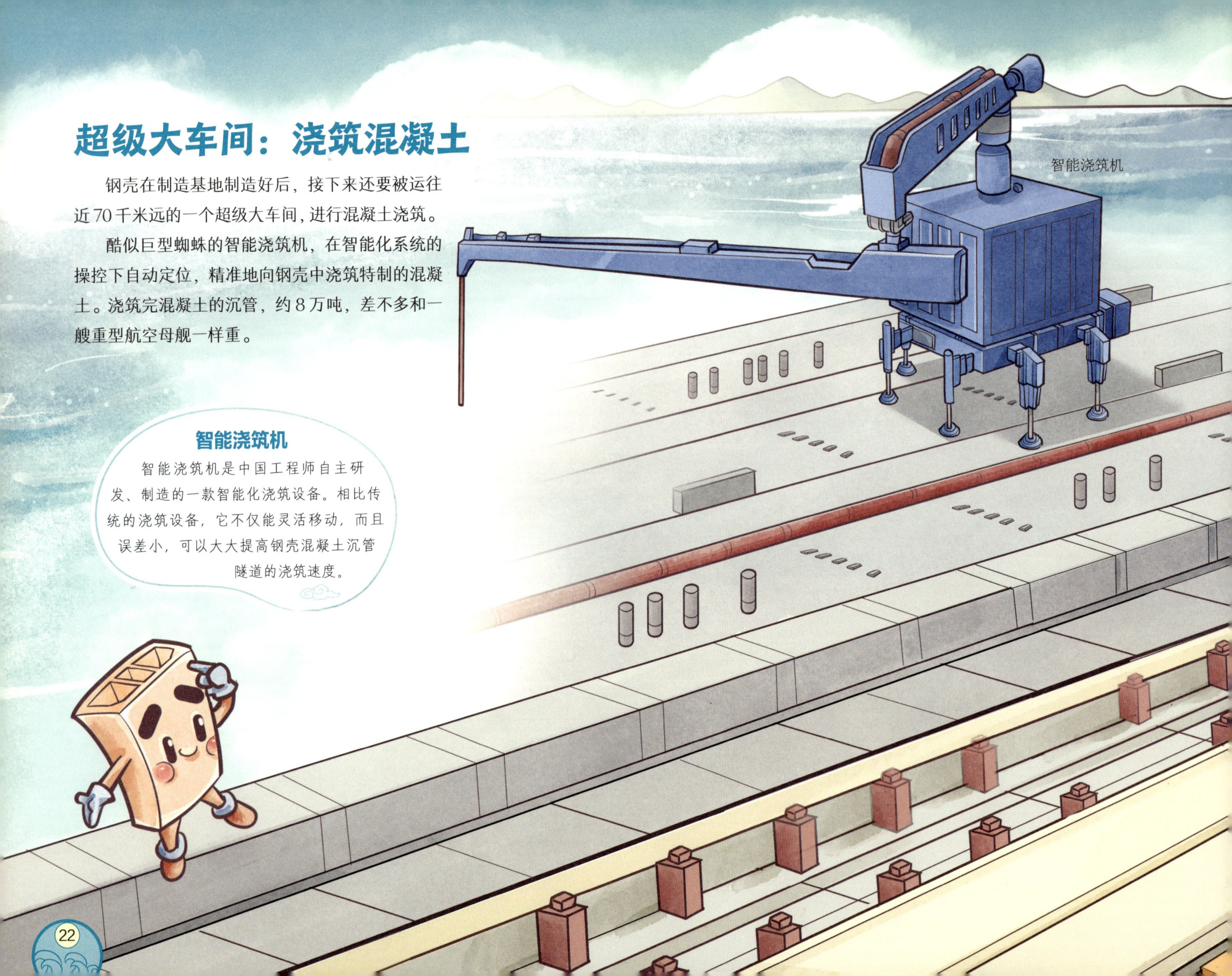

智能浇筑机

谁能搬动沉管？

工程师研发出了智能台车系统，它由200辆台车组成，分布在4条轨道上，能够拉动8万吨的沉管。

工程师通过电脑指挥着它来搬运沉管，大大提高了搬运效率。

台车

出海前的准备

在超级大车间的外面，工程师给沉管准备了一个"游泳池"。"游泳池"有一扇大门。打开大门，"游泳池"便和大海相连。

"游泳池"一边浅一边深，浅坞区底下铺着钢轨，钢轨连到超级大车间。沉管沿着钢轨出了超级大车间，工程师用钢板把沉管的两头封住，将沉管暂时停放在浅坞区。随后，工程师关上大门，向"游泳池"补水，沉管就浮起来了。工程师再把它拖到"游泳池"的深坞区，给它增加零件。

等一切准备完成后，工程师再打开大门，让水流出去，就可以用船把沉管运出去。

制作好的沉管在等待着出坞。

沉管

世界首艘沉管运输安装一体船

"一航津安1"号集沉管浮运、定位、沉放和安装等功能于一体,是目前世界上最先进的海底隧道沉管施工专用船舶。它还有无人驾驶系统,是名副其实的大国重器。

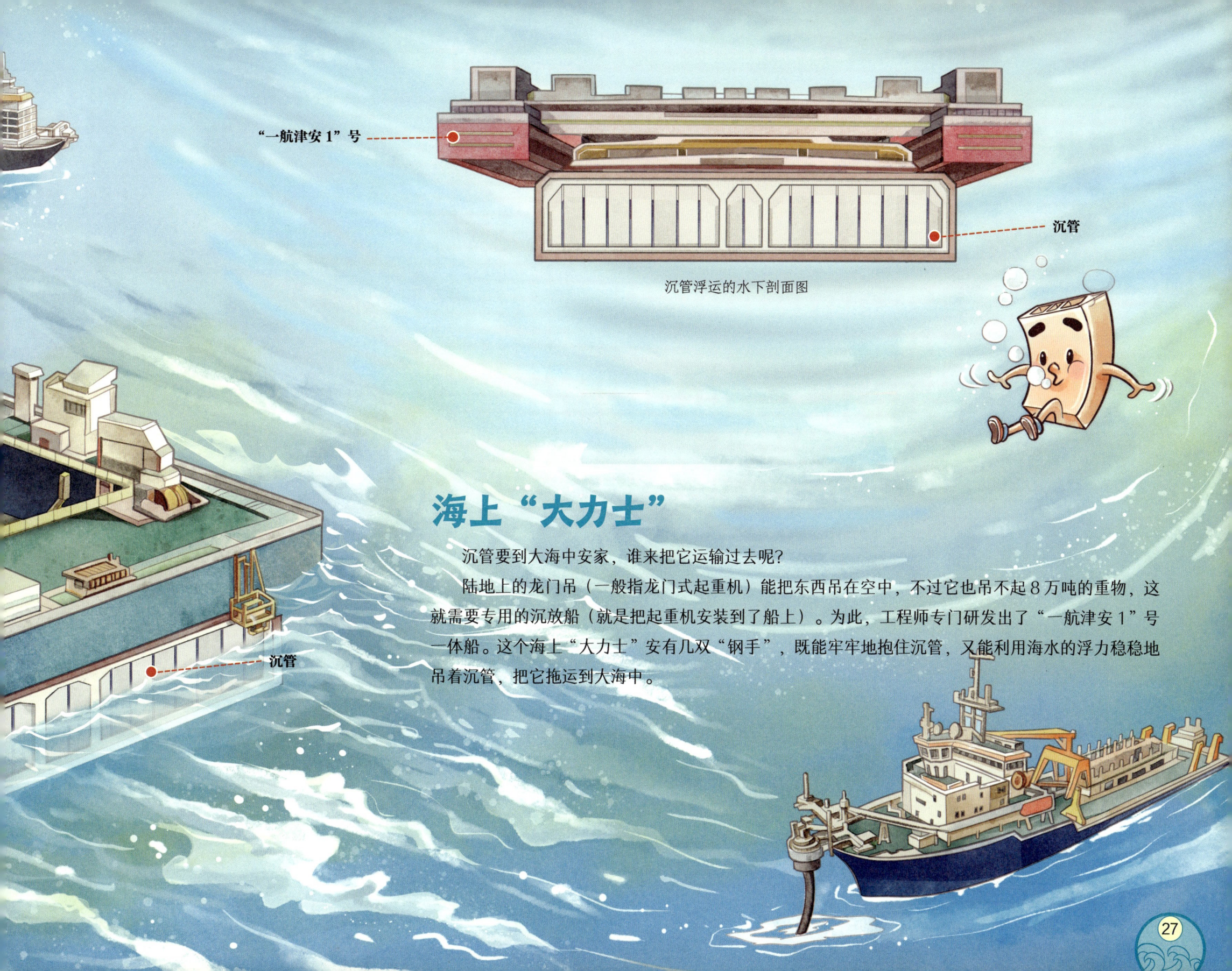

"一航津安1"号

沉管

沉管浮运的水下剖面图

沉管

海上"大力士"

沉管要到大海中安家,谁来把它运输过去呢?

陆地上的龙门吊(一般指龙门式起重机)能把东西吊在空中,不过它也吊不起8万吨的重物,这就需要专用的沉放船(就是把起重机安装到了船上)。为此,工程师专门研发出了"一航津安1"号一体船。这个海上"大力士"安有几双"钢手",既能牢牢地抱住沉管,又能利用海水的浮力稳稳地吊着沉管,把它拖运到大海中。

沉管要到哪里安家？

这些沉管要到哪里安家？它们可不是随便放在海底，工程师要在海底挖出一条长约 5 千米的基槽，作为整条海底隧道的"大床"。

他们指挥着挖泥船，有的船带着耙子，先耙出一条基槽，有的船带着抓斗，一点一点深挖，这两种挖泥船联手挖出一条基槽。

然后，工程师开来一艘碎石铺设整平船，把准备好的碎石块通过抛石管抛入海底的基槽。碎石铺设整平船在基槽先铺上一层大石块，再铺上一层小石块，好比给海底"大床"铺上了"床垫"。最后，沉管来了，就在海底"大床"上安家。

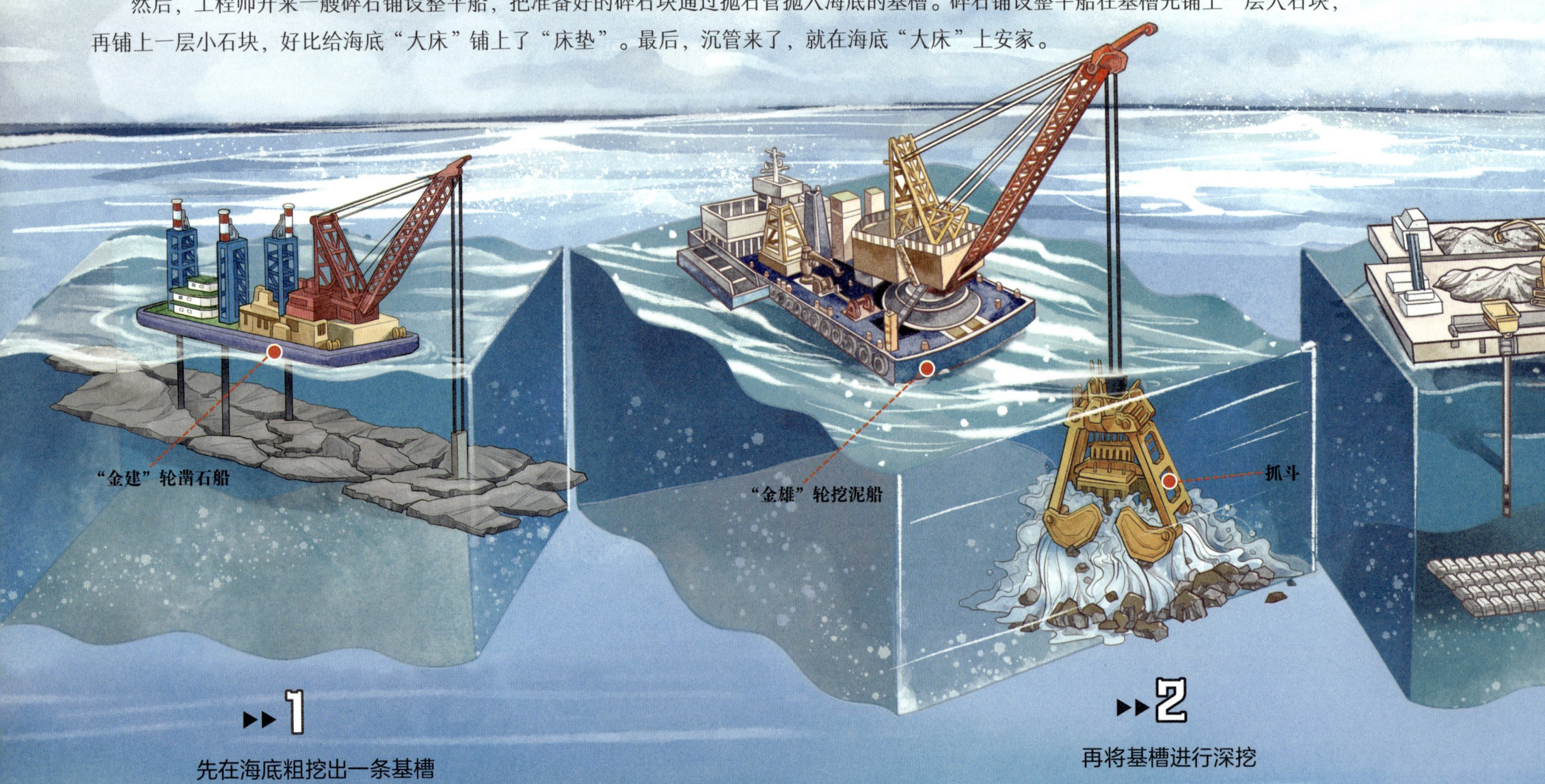

"金建"轮凿石船

"金雄"轮挖泥船

抓斗

▶▶ **1** 先在海底粗挖出一条基槽

▶▶ **2** 再将基槽进行深挖

滴水不漏的接口

第一节沉管在海底"大床"上安家后,就要面临和西人工岛上的暗埋段隧道管子对接。一个有着光滑的钢圈,一个带着特殊橡胶圈,一刚一柔,精确对接,确保严丝合缝。

我们想一想,工程师要把沉管从几十千米外的工厂拖运到茫茫大海,在千变万化的海浪洋流中,在反复难测的各种天气中,指挥着各种船舶、机器,把它们精确对接起来,连成海底隧道,而且要确保一滴水都不能漏进去,汽车才能在海底隧道里面跑来跑去,这是多么艰难呢!

"一航津安1"号一体船拖着沉管,准备和西人工岛的管子对接。

深中通道在沉管对接安装过程中,还首次运用了北斗卫星导航系统。

首节沉管对接

2020年6月16日,"大力士"("一航津安1"号一体船)大显身手,从珠海牛头岛出坞,拖着一节8万吨重的沉管,浮运近50千米,到达西人工岛,把沉管沉放到已经挖好的基槽上,和岛上预制好的混凝土管子对接。

工程师把对接处钢封门之间的海水抽掉,水压就把两节大管子挤到一起,它们之间的特殊橡胶圈随之被挤得严严实实,海水再也进不来。就这样,两节沉管紧紧地"抱"在一起,深中通道首节沉管对接顺利完成。

深中通道的海底隧道由32节沉管和1节最终接头组成。工程师要对接33次,一次都不能有差错。

"海底长城"合龙

最终接头是深中通道海底隧道的关键性节点,其对接就像"海底穿针",误差要控制在"毫米级"。

最终接头场景

最终接头对接的放大效果图。

工程师们在紧张地监测着对接安装过程。

深中通道设计了"水下推出式"方案，为世界首创。这种创新的对接方式，就是在一节大管子的一头制造一个"巨型抽屉"，等大管子在海底沉放到位之后，"巨型抽屉"被千斤顶从大管子里推出来，借助海水的压力，然后与另一侧的沉管对接，从而实现海底隧道全线合龙。

深中通道海底隧道建设前后历时5年多，2023年6月11日，这座"海底长城"实现合龙。深圳和中山两市在伶仃洋海底正式"牵手"。

海上大桥

这个最难的工程,有大桥、隧道、人工岛和水下互通立交。最后,我们还要说说海上大桥。

深中通道有两座海上大桥,分别叫伶仃洋大桥和中山大桥。

伶仃洋大桥是一座悬索桥,有两个巨大的桥塔站在海天之间,被两个巨大的锚碇(承受悬索两端全部拉力的结构)拽着,再用一根根钢缆吊起大桥。

中山大桥是一座斜拉桥,主塔高约 214 米,由 120 根斜拉索连接主塔与桥面,仿佛巨大的"竖琴"立在海面上。

伶仃洋大桥

伶仃洋大桥主跨1666米，主塔高270米，桥面高达90米，是目前世界上最高的海上大桥，也是深中通道的醒目标志。

中山大桥

便捷的大湾区

　　以前从中山去深圳，我们要从虎门大桥上绕行，有了深中通道就可以跨江直达，车程将由2小时缩短为30分钟。深中通道的通车将有力推进粤港澳大湾区交通一体化。

　　粤港澳大湾区已经有一张大蓝图，要建设世界级城市群，这需要现代化的交通系统。

　　大船和港口、汽车和公路、飞机和机场、火车和铁路，都需要工程师认真思考。这不，聪明的工程师已经开始规划，在不远的将来更多的大桥将会飞架，更大的隧道将会入海。

人便其行，货畅其流，文化深度交融，联系更加紧密。香港、澳门和珠海三地来往更便捷，心灵更贴近。粤港澳大湾区"1小时生活圈"基本形成。粤港澳深度合作正在谱写新的篇章。

后 记

无论年少或迟暮，我们都渴望在梦想的大道上奋力前行。无论路边是青青田野还是料峭荒原，我们都想去奔跑或驰骋。无论是风平浪静还是波涛起伏，我们都想乘船出海看那春暖花开。

因为工作关系，多年来我有幸和很多设计师、工程师同行，听他们讲述在辽阔山河修路架桥、筑港通航的故事，听他们分享在祖国交通建设事业中建功立业的幸福，感受他们不经意间流露出来的披星戴月、风餐露宿的艰辛。

大江大河恰恰是他们书写壮丽篇章的纸卷。长江口、珠江口，几代设计师、工程师接力奉献，一项项伟大工程不断刷新着纪录。长江口的深水航道工程，珠江口的港珠澳大桥工程、深中通道工程，便是其中的典型，代表了世界上同类工程的最高水平。多年来，我有幸多次去工程建设现场参观，这些伟大工程屡屡让我感到震撼。尤其是站在百米桥塔之上环望珠江口，站在集装箱起重机之上环望长江口，那曾是何等激荡胸怀！希望能通过科普绘本这种方式，让更多的少年儿童了解这些伟大工程，了解建设者们的故事。

载一船千年梦想出海，满眼诗篇。

中国交通建设集团有限公司
企业文化部原副总经理
（米金升） 2024 年 1 月 10 日